ضرب المثل های دری افغانستان

Ilustrovane avganistanske poslovice

دنیا با امید زنده است.

Doonya baa omeed zenda ast.

Svet postoji zahvaljujući nadi.

The world is alive with hope.

ضرب المثل های دری افغانستان

Ilustrovane avganistanske poslovice

Sakupio i preveo na engleski
Edward Zellem
ادوارد زالم

Prevela sa engleskog
Tatjana Šibul

Ilustracije
Učenici Srednje škole Marefat
Kabul, Avganistan

Cultures Direct Press

Za decu Avganistana i Srbije

Posveta

Ova knjiga je uz dužno poštovanje posvećena
narodu Avganistana
i svima onima koji doprinose trajnom miru.

اهداء

این کتاب، با کمال احترام، به مردم افغانستان و آنهایی
که همراه با آنان برای تأمین صلح و امنیت پایدار تلاش
می‌کنند، اهدا می‌گردد.

Kao što poslovica kaže:

چنانچه این ضرب‌المثل می‌گوید:

کوه هر قدر بلند باشد،
سر خود راه دارد.

*Koh har qadar beland baashad,
sar-e khod raah daarad.*

**Čak i onda kada je neka planina jako visoka,
uvek postoji put do njenog vrha.**

O Dari jeziku

نکته هایی درباره ی زبان دری

➢ Dari je jedan od dva službena jezika Avganistana. Drugi je Pašto.

➢ Dari se pretežno koristi u poslovnom svetu i u vladi Avganistana.

➢ Dari je vrlo star i cenjen jezik. Neki ga još nazivaju i jezikom kraljeva.

➢ Mnogi smatraju da je Dari starija verzija persijskog Farsi jezika, koji se pretežno govori u Iranu. Ova dva jezika imaju dosta sličnosti.

➢ Dari alfabet ima 32 slova od kojih su 28 ista kao u arapskom pismu, dok se preostala četiri slova koriste za zvuke kojih nema u arapskom.

➢ Dari se piše sa desna na levo. Ne postoje velika i mala slova. Oblik slova može da se promeni u zavisnosti od mesta u reči.

O Avganistanu

درباره ی افغانستان

Avganistan je prelepa i interesantna zemlja koja se nalazi izmedju Južne i Centralne Azije.

Poznata je po visokim planinama i hladnim zimama, ali postoje i ravničarski predeli.

Afganistan je po površini malo više od sedam puta veći od Srbije. Ima 30 miliona stanovnika i mnogo nacionalnosti i plemena. Najveća grupa su Paštuni, Tadžiki, Hazare i Uzbeki. Skoro svi Avganistanci su Muslimani.

Većina avganistanskih porodica je slična većini porodica širom sveta. Sve što roditelji žele za svoju decu je da žive u miru, da bezbrižno rastu, igraju se, uče i budu srećni.

AFGHANISTAN

Administrative Divisions

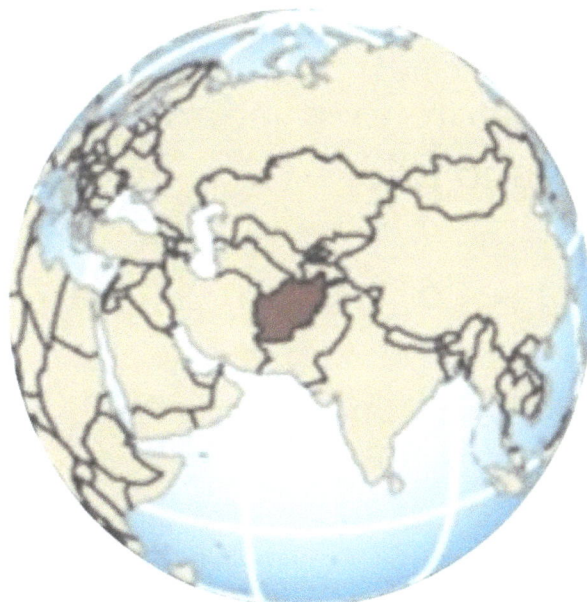

UZBEKISTAN

TAJIKISTAN

★ DUSHANBE

CHINA

TURKMENISTAN

JOWZJĀN
Shibirghān

Mazār-e
Sharīf

KUNDUZ

Kunduz

Tāloqān

Faizābād

TAKHĀR

BADAKHSHĀN

BALKH

Aibak

FĀRYĀB

Sar-e
Pul

SAMANGĀN

BAGHLĀN

Maimanah

Pul-e
Khumrī

PANJSHIR

Pārūn

SAR-E PUL

Bāzārak

NŪRISTĀN

BĀDGHĪS

Qal'ah-ye Now

Chārīkar

Mahmūd-e
Rāqī

Asadābād

KUNAR

Herāt

Chaghcharān

Bāmyān

PARWĀN

KĀPISĀ

Mehtar Lām

HERĀT

GHŌR

BĀMYĀN

KĀBUL

LAGHMĀN

WARDAK

KABUL ★

KĀBUL

Jalālābād

Maidān
Shahr

LŌGAR

NANGARHĀR

ISLAMABAD

INDIA

Nīlī

Pul-e 'Alam

DĀYKUNDĪ

★

Ghazni

PAKTIYĀ

Gardēz

Farāh

Tārin
Kot

GHAZNĪ

KHŌST

FARĀH

URUZGĀN

Sharan

Khōst

IRAN

ZĀBUL

PAKTĪKĀ

Lashkar
Gāh

Qalāt

Kandahār

PAKISTAN

Zaranj

HELMAND

KANDAHĀR

NĪMRŌZ

1972 Line of Control

	International boundary
	Province (welāyat) boundary
★	National capital
⊙	Province (welāyat) capital

Afghanistan has 34 provinces (welāyat).

0   50   100   150 Kilometers

0   50   100   150 Miles

Scale 1: 6.900.000

*Dilaram District is reported to be administered from Farah Province,
but the Government of Afghanistan does not recognize its existence.

Boundary representation is
not necessarily authoritative.

Vodič za pravilan izgovor
رهنمای تلفظ

- "kh": "k" izgovoreno zajedno sa "h" i zvuči kao kada pročišćavamo grlo

- "oy": zvuči kao u reči "moj"

- "e": kada se nađe na kraju reči, zvuči "ej", kao u reči "hej"

- "r": je kao naše r

- "ey/ay": kao u reči "hej"

- "mey": sa mekanim " i" na kraju, izgovara se "mei"

- "gh": "g" izgovoreno zajedno sa "h" i zvuči kao kada pročišćavamo grlo

- "aa": izgovara se "o" kao u reči "orao"

- "q": "k" izgovoreno zajedno sa "h" i zvuči kao kada pročišćavamo grlo

Dari alfabet

الفبا دری

ث	ت	پ	ب	ا
sey (s)	tey (t)	pey (p)	bey (b)	alef (a)

د	خ	ح	چ	ج
daal (d)	khey (kh)	hey (h)	chey (ch)	jeem (j)

س	ژ	ز	ر	ذ
seen (s)	zhey (zh)	zey (z)	rey (r)	zaal (z)

ظ	ط	ض	ص	ش
zoy (z)	toy (t)	zuwat (z)	suwat (s)	sheen (sh)

ک	ق	ف	غ	ع
kaaf (k)	qaaf (q)	fey (f)	ghayn (gh)	eyn (e)

و	ن	م	ل	گ
wow (w)	noon (n)	meem (m)	laam (l)	gaaf (g)

ه	ى
yaa (y)	hey (h or aa)

فرصت

Forsat

Šansa ~ Opportunity

ماهی را هر وقت
از آب بگیری،
تازه است.

Maahee-raa har waqt az
aab biggeree, taaza ast.

**When you take a fish
from the water, it is always fresh.**

**Kada izvadiš ribu iz vode,
ona je uvek sveža.**

Smisao poslovice:

Nikad nije kasno da započneš nešto novo.
Svaki početak je nov početak.

قدر دانی

Qadr-danee

Zahvalnost ~ Gratitude

کفش کهنه در بیابان نعمت است.

Kafsh-e kohna dar beyaabaan neamat ast.

Old sandals in the desert are a blessing.

Stare sandale u pustinji su blagoslov.

Smisao poslovice:

Čak i kada je nešto staro ili jednostavno, za nas može biti dragoceno ako služi svrsi ili je baš ono što nam u datom trenutku treba. Budi zahvalan na onome što imaš.

موفق

Mowafaq

Uspeh ~ Success

کوه هر قدر بلند باشد،
سر خود راه دارد.

Koh har qadar beland baashad,
sar-e khod raah daarad.

Even if a mountain is very high,
it has a path to the top.

Čak i onda kada je neka planina jako
visoka,uvek postoji put do njenog vrha.

Smisao poslovice:

Ništa nije nemoguće.
Uvek postoji način.

تحصیل

Tahseel

Obrazovanje ~ Education

ز گهواره تا گور،
دانش بجوی.

Ze gahwaara taa guhr, daanesh bejoye.

Seek knowledge from cradle to grave.

**Tragaj za znanjem od kolevke
pa do groba.**

Smisao poslovice:

Nikad ne odustaj od učenja i usavršavanja
bez obzira na godine.

قوی

Qa-wee

Snaga ~ Strength

صد زدن زرگر،
یک زدن آهنگر.

Sad zadan-e zar-gar,
yak zadan-e aahan-gar.

A hundred strikes by a goldsmith,
one strike by a blacksmith.

Sto udaraca zlatara, jedan kovača.

Smisao poslovice:

Bolje je da uradimo nešto jednom i kako
valja, nego da pokušavamo puno puta
da bi nešto postigli.

برابری

Baraa-baree

Jednakost ~ Equality

همه را به یک چشم نگاه کنید.

*Hama-raa ba yak chashm
negaah kuneed.*

**Everyone should be looked at
with the same eye.**

Svakog treba da gledamo istim okom.

Smisao poslovice:

Tretiraj sve ljude isto. Nemoj da ih
potcenjuješ samo zato što imaju
drugačija verovanja, drugu boju
kože, drugog su pola ili nacionalnosti.

شخصيت

Shakh-seeyat

Karakter ~ Character

نمد سیاه به شستن سفید نمی‌شود.

*Namad-e see-ya ba shustan
safed na-mey-shawad.*

**Black carpet cannot become
white by washing.**

**Crni tepih ne može da postane
beo pranjem.**

Smisao poslovice:

Ako je neko loš po prirodi, ne može
lako postati dobar. Teško je izvesti lošu
osobu na pravi put.

*(Srpska izreka: **Vuk dlaku menja,
ali ćud nikada**)*

آفریننده

Aa-fareen-enda

Kreativnost ~ Creativity

ضرورت مادر
ایجاد است.

Zaroorat maadar-e ejaad ast.

Need is the mother of invention.

Potreba je majka pronalaska.

Smisao poslovice:

Ljudi su obično kreativni kada im nešto treba, kada su pod pritiskom.

تحمل

Tah-mal

Tolerancija ~ Tolerance

عیسی به دین خود،
موسی به دین خود.

Isa ba deen-e khod,
Mousa ba deen-e khod.

Jesus to his religion,and Moses to his.

Isus svojoj religiji, a Mojsije svojoj.

Smisao poslovice:

Svako ima pravo da izabere šta će raditi, kako razmišljati ili osećati. Svi bismo trebali da poštujemo verovanja, uverenja i mišljenja drugih.

تزوير

Tazweer

Lukavstvo ~ Trickery

بار کج به منزل نمی‌رسد.

Baar-e kaj ba manzel na-mey-rasad.

**A tilted load doesn't reach
its destination.**

Nakrivljen tovar ne stiže na odredište.

Smisao poslovice:

Dobro na kraju uvek pobedjuje.

(Srpska izreka: **Ko se zadnji smeje,
najsladje se smeje**)

Napomena: Ova poslovica se poziva na Dari basnu o lisici koja je htela da prevari gusku tako što joj je servirala supu u plitkom tanjiru. Guska nije mogla kljunom da pojede supu. Sledećeg dana, guska reši da uzvrati liji "gostoprimstvo" te joj servira supu u flaši sa dugačkim grlićem. Lija nije mogla da jede jer je grlić bio jako uzak za njenu njušku. Tako se guska poslednja smejala.

ابله

Abla

Glupost ~ Foolishness

با هر چیز بازی،
با ریش بابا هم بازی.

Baa har-cheez baazi,
baa reesh-e baa-baa ham baazi.

Joking about everything,
even Grandfather's beard.

Šali se sa svim,
čak i sa dedinom bradom.

Smisao poslovice:

Neko ko ne shvata ništa ozbiljno i šali se
na račun svega. Često se kaže za osobu
koja ne poznaje granice.

*(Srpska izreka: **Igra se vatrom**)*

وفاداری

Wafaa-daary

Vernost ~ Loyalty

تو به مه، مه به تو.

Tu ba ma, ma ba tu.

You to me, me to you.

Ti meni, ja tebi.

Smisao poslovice:

Ako ti učiniš meni uslugu, učiniću i ja tebi. Vodićemo računa jedno o drugom.

*(Srpska izreka: **Ruka ruku mije, obraz obadvije**)*

اغراق

Egh-raaq

Preterivanje ~ Exaggeration

از کاه، کوه نساز.

Az kaah, koh nasaaz.

Don't make a mountain from straw.

Ne pravi planinu od jedne slamke.

Smisao poslovice:

Nemoj praviti nešto od onoga što nije.
Ne preteruj.

(Srpska izreka:
Ne pravi od muve magarca)

امكانات

Emkaanaat

Mogućnost ~ Possibility

سر زنده باشه،
کلاه بسیار است.

Sar zenda baasha, kolaah besyaar ast.

**If there is life in your head,
there are lots of hats.**

Ako je glava živa, i kapa ima puno.

Smisao poslovice:

Ono što je najvažnije je život.
Ako smo živi možemo sve da
postignemo,uz veru i rad.

ريا

Reyaa

Licemerje ~ Hypocrisy

روز ملنگ، شو پلنگ.

Roz malang, shao palang.

Daytime a saint, nighttime a tiger.

Danju svetac, noću tigar.

Smisao poslovice:

Neko ko se pretvara da je dobra osoba, ali se ponaša ružno kad misli ga niko ne vidi.

مسئوليت

Massoul-iat

Odgovornost ~ Responsibility

برف بام خوده
به بام ما ننداز.

Barf-e baam-e khod-a
ba baam-e maa nandaaz.

**Don't throw snow from
your own roof to ours.**

Ne bacaj sneg sa svog krova na naš.

Smisao poslovice:

Ne opterećuj druge svojim problemima.

خانه

Khanna

Dom ~ Home

هرکس را وطنش
کشمیر است.

Har kas-ra watan-ash Kashmir ast.

Everyone's homeland is Kashmir to them.

Svakome je njegova otadžbina Kašmir.

Smisao poslovice:

Avganistanci veruju da je Kašmir u
Indiji prelepo mesto te se tako našlo
i u poslovici. Ovim žele da naglase
vezanost čoveka za otadžbinu
i njegovu ljubav za nju.

(Srpska izreka: **Svugde je dobro,
ali je kod kuće najbolje.**)

تلاش

Talash

Trud ~ Effort

تا جان بتن است،
جان بکن است.

Ta jaan batan ast, jaan bekan ast.

While we live, we strive.

Dok živimo, borimo se.

Smisao poslovice:

Život je pun izazova.
Potrebno je uložiti veliki napor da
bi se oni prevazišli.

(Srpska izreka:
Čovek se uči dok je živ.)

تمرین

Tamreen

Vežba ~ Practice

بنویس، بنویس،
تا شوی خوش‌نویس.

Benawees, benawees,
taa sha-wee khosh nawees.

Write, write,
to become a good writer.

Piši, piši, da bi postao dobar pisac.

Smisao poslovice:

Ako se trudiš, uporan si i vežbaš,
uspeh neće izostati.

كيفيت

Kayfeeyat

Kvalitet ~ Quality

خر تیز بهتر از اسپ آهسته است.

Khar-e teyz behtar az asp-e aahesta ast.

**A fast donkey is better
than a slow horse.**

**Magarac koji ide brzo je bolji
od sporog konja.**

Smisao poslovice:

Izaberi ono što je stvarno dobro,
a ne ono što samo izgleda lepo.

(Srpska izreka: *Nije zlato sve što sija.*)

اميد

Omeed

Nada ~ Hope

پشت هر تاریکی،
روشنی است.

Pusht-e har taaree-kee, roshanee ast.

After every darkness is light.

Posle mraka dolazi svetlo.

Smisao poslovice:

Teška vremena uvek prolaze
i stvari postaju bolje.

*(Srpska izreka: **Posle kiše dolazi sunce.**)*

احترام

Ehteraam

Poštovanje ~ Respect

بهشت زیر
پای مادران است.

*Behesht zer-e paay-e
maadaraan ast.*

**Heaven is under
the feet of mothers.**

Raj je pod nogama majke.

Smisao poslovice:

Majke imaju vrlo bitnu ulogu u
svetu i zato će ih Raj nagraditi.
Uvek poštujte majku.

حقيقت

Haq-ee-qat

Istina ~ Truth

آفتاب به دو انگشت پنهان نمی‌شود.

Aaftaab ba doo angusht
pen-han na-mey-shawad.

The sun cannot be hidden by two fingers.

Ne možes se sakriti od
Sunca sa dva prsta.

Smisao poslovice:

Ne možeš sakriti istinu, baš kao što se ne
možeš zakloniti od Sunca sa samo dva prsta.

(Srpska izreka:
Istina uvek izađe na videlo,
U laži su kratke noge.)

ندامت

Nedaamat

Žaljenje ~ Regret

پشت آب رفته،
بیل نگیر.

Pushte aab-e rafta, bel nageer.

**Don't take a shovel
to bring the water back.**

Ne uzimaj lopatu da bi vratio vodu.

Smisao poslovice:

Kad se nešto loše desi, nemoj dugo
o tome misliti, nego idi dalje.

(*Srpska izreka:* **Šta je bilo-bilo je.**)

خطرناک

Khattar-naak

Opasnost ~ Danger

تیغ را به دست
دیوانه دادن.

*Tegh-raa ba dast-e
daywaanah daadan.*

**To give a sharp knife
to the hand of a maniac.**

Staviti oštar nož u ruku manijaka.

Smisao poslovice:

Opasno je dati veliku odgovornost
nekome ko za to nije spreman
ili ko će je zloupotrebiti.

(Srpska izreka: **Ako budali daš nož,
postao si ubica.**)

نمونه

Namuna

Uzorak ~ Sample

مشت نمونه‌ی
خروار است.

Mosht namuna-ye kharwar ast.

**A handful (of wheat) is
an example of the harvest.**

Šaka (žita) je uzorak žetve.

Smisao poslovice:

Čak i mali uzorak je dovoljan
da bi se stekla slika o nečemu.

حد

Hud

Granica ~ Limit

پایت را به اندازه‌ی
گلیمت دراز کن.

Paayat-ra ba andaaza-ye
gelemat daraaz kon.

**Extend your legs to the
length of your carpet.**

**Pruži noge onoliko koliko
ti je dugačak tepih.**

Smisao poslovice:

Ne prihvataj se onoga što
ne možeš da postigneš.

تعجب

Tajob

Iznenađenje ~ Surprise

از آنکه نمی‌دا نی بدان.

Az aan-ke na-mey-danee bedaan.

Expect the unexpected.

Očekuj neočekivano.

Smisao poslovice:

Budi spreman na sve, čak i na
ono što ne možeš ni da zamisliš.

*(Srpska izreka: **Očekuj neočekivano**)*

بی انصافانه

Bey-ensaa-fanaa

Nepravda ~ Unfairness

نخوردیم از آشش،
کور شدیم از دودش.

Na-khordeym az aashesh,
kor shudeym az doodesh.

We didn't eat the soup,
but were blinded by the smoke.

Nismo pojeli supu, ali nas
je dim oslepeo.

Smisao poslovice:

Kaže se kada uradiš sav posao, ali ne uživaš u njegovom rezultatu ili kada platiš za nešto više nego što vredi.

(*Napomena:* Avganistanci često prave "aash", vrstu supe sa rezancima, iznad vatre)

همکاری

Ham-kaaree

Saradnja ~ Cooperation

به یک گَل، بهار نمی‌شه.

Ba yak gul, bahaar na –mey-sha.

One flower doesn't bring spring.

Jedan cvet ne donosi proleće.

Smisao poslovice:

Složan rad je delotvorniji nego
trud samo jedne osobe.

Takodje: Ne treba da se opuštamo
kada nam dobro ide.

حوصله

Hawsela

Strpljenje ~ Patience

دیر آید، درست آید.

Deyr aayad, dorost aayad.

Comes late, comes right.

Što kasnije dođe, to bolje.

Smisao poslovice:

Bolje je raditi polako i dobro,
nego brzo i loše.

(Srpska izreka: **Ko lakše ide taj brže stiže,**
Prekom preče, naokolo bliže,
Što je brzo to je kuso.*)*

چانس بد

Chans-e-bad

Maler ~ Unluckiness

آش را ناخورده،
دهن سوخته.

Aash-ra naa-khorda, dahan sokhtah.

**Without eating any soup,
got a burned mouth.**

Nisam ni jeo supu, a opekao sam se.

Smisao poslovice:

Neko ko plaća danak,
a ne dobija ništa zauzvrat.

زیبایی

Zebaa-ye

Lepota ~ Beauty

گل پشت و روی ندارد.

Gul pusht wa rui na-daarad.

A flower has no front or back.

Cvet nema ni prednju ni zadnju stranu.

Smisao poslovice:

Koristi se kada se hvali lepota
nečega u celini.

Takođe: Kulturan odgovor kada vam
se neko izvini jer vam je okrenuo leđa.

با عزم

Ba-ezm

Odlučnost ~ Determination

قطره قطره دریا می‌شه.

Qattra qattra daryaa mey-sha.

A river is made drop by drop.

Kap po kap i nastaje reka.

Smisao poslovice:

Čak i mali pokušaji mogu vremenom dovesti do značajnih rezultata. Nikad ne odustaj, dobre stvari zahtevaju vreme i strpljenje.

*(Srpska izreka: **Zrno po zrno pogača, kamen po kamen palača**)*

ظرفیت

Zarfiat

Sposobnost ~ Capability

دو تربوز به یک
دست گرفته نمی‌شود.

Doo tarbuz ba yak dast
gerefta na-mey-shawad.

You can't hold two
watermelons in one hand.

Ne možeš držati dve lubenice
u jednoj ruci.

Smisao poslovice:

Nemoj prihvatati više posla nego što
možeš da postigneš.

غلطى

Ghalatee

Greška ~ Mistake

از خاطر یک کیک،
گلم را نسوزان.

Az khaater-e yak kaik,
gelem-raa na-suzaan.

Don't burn a carpet for a flea.

Ne pali tepih zbog buve.

Smisao poslovice:

Nemoj da praviš veliku
grešku da bi sakrio malu.

هوشیار

Hoosh-yar

Pamet ~ Cleverness

طفل خورد هوشیار
بهتر از کلان جاهل.

*Tefl-e khord-e hoosh-yar
behtar az kalaan-e jaahel.*

**A clever little child is
better than a foolish adult.**

Bolje pametno dete nego glup čovek.

Smisao poslovice:

Bolje biti pametan nego jak.

*(Srpska izreka:
Snaga klade valja, um caruje)*

خوشبین

Khosh-been

Optimizam ~ Optimism

دنیا با امید زنده است.

Doon-ya baa omeed zenda ast.

The world is alive with hope.

Svet postoji zahvaljujući nadi.

Smisao poslovice:

Uvek se nadaj.

(Srpska izreka: **Nada umire poslednja,**
Čovek se nada dok je živ,
Čovek se nada dok je duše u njemu.)

Takođe od Edward Zellem

dobitnika devet međunarodnih književnih nagrada

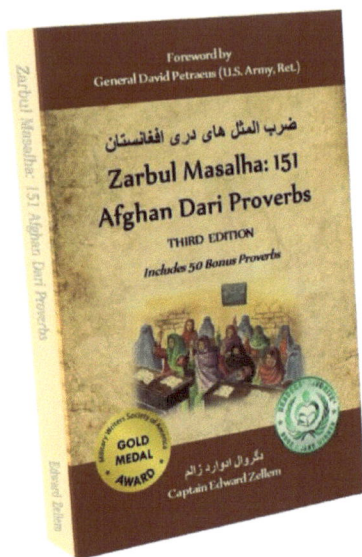

**Zarbul Masalha:
151 Avganistanska Dari
poslovica**

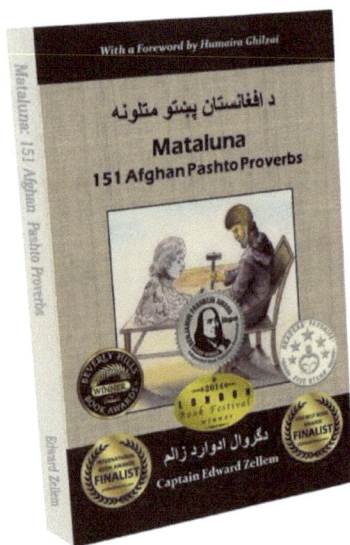

**Mataluna:
151 Avganistanska
Pašto poslovica**

"Ilustrovane avganistanske poslovice" su prevedene na sledeće jezike

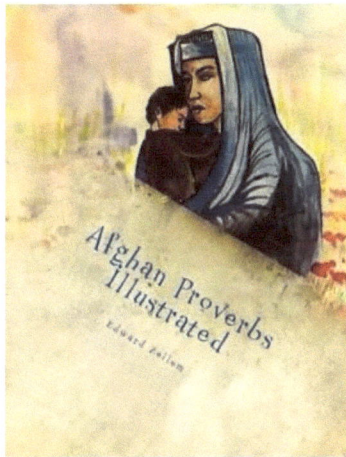

Engleski

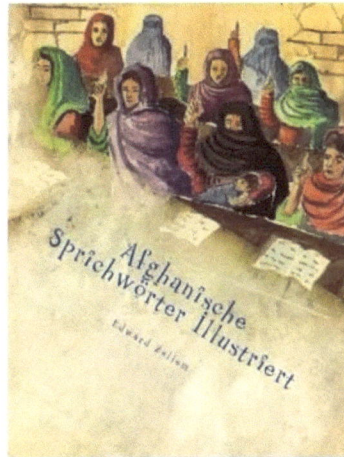

Nemački

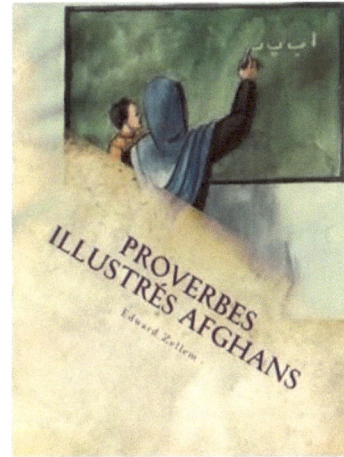

Francuski

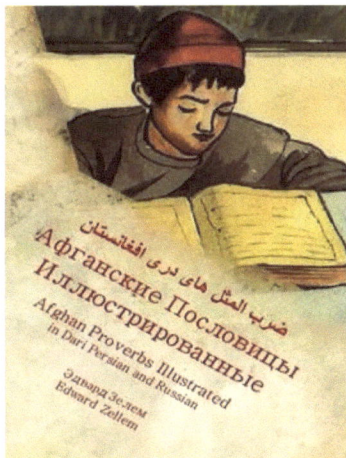

Ruski

Poljski

Portugalski

Švedski

Španski

Rumunski

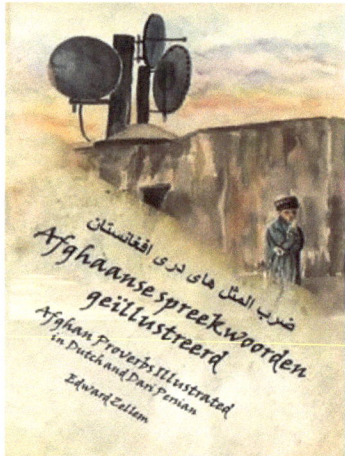

Holandski

Finski

Italijanski

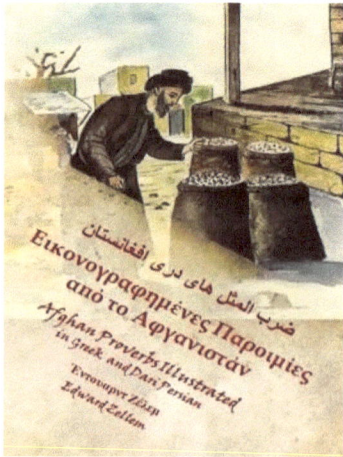

Grčki

☉ autoru

Kapetan Edward Zellem, nagrađivani autor, obučen da govori Dari jezik, radio je sa Avganistancima u Avganistanu godinu i po dana, kao i godinu dana u predsedničkoj palate Avganistana. Služio je u američkoj mornarici 28 godina.

Za vreme boravka u Avganistanu, fascinirao ga je način na koji Avganistanci koriste poslovice u svakodnevnoj komunikaciji. Tako počinje da ih sakuplja, prevodi i koristi kako u profesionalnom tako i u privatnom životu.

Nakon što su talentovani učenici srednje škole u Kabulu osmislili ilustracije, rodila se prva knjiga poslovica **Zarbul Masalh**a: **151 Avganistanska Dari poslovica** a zatim i **Ilustrovane avganistanske poslovice**. Obe knjige su izdate i na engleskom i na Dari jeziku. Zahvaljujući prijateljima Avganistana širom sveta, poslovice su prevedene i na mnoge druge jezike. Nakon velikog interesa Pašto populacije, Zelem je izdao i treću knjigu **Mataluna: 151 Avganistanska Pašto poslovica**, takođe ilustrovanu perom avganistanskih učenika.

O prevodiocu

Tatjana Šibul je završila Učiteljski fakultet u Somboru, Univerzitet u Novom Sadu. Nakon boravka u Velikoj Britaniji i polaganja ispita na koledžu u Sutton-u, vraća se u Srbiju i narednih godina radi u osnovnoj i privatnoj školi kao nastavnik engleskog jezika. 1998. odlazi u Grčku gde nakon položenog ispita iz grčkog stiče licencu profesora engleskog jezika za rad u privatnim školama. Radi kao profesor u privatnoj školi, a paralelno kao simultani prevodilac sa engleskog na grčki i vice versa. Poslednjih deset godina prevodi sa engleskog i grčkog na srpski.

O AIP-IAP
Associação Internacional de Paremiologia
(Međunarodno udruženje za adagiologiju)

AIP-IAP je neprofitna, kulturna institucija locirana u Taviri, u oblasti Algarve u Portugaliji.Udruženje je posvećeno adagiologiji, naučnom proučavanju poslovica. Kao jedino udruženje takve vrste na svetuAIP-IAP ima sledeće ciljeve:

• Da podstiče međunarodnu saradnju u adadiologiji i sličnim naukama.

• Da uspostavi programe saradnje sa obrazovnim institucijama, kako državnim, tako i privatnim

• Da ohrabri mlade istraživače koji pomažu očuvanju i promociji nematerijalne kulturne baštine.

• Da organizuje u određenim vremenskim intervalima nacionalne i internacionalne konferencije adagiologije.

• Da promoviše studije u adagiologiji, nauci o poslovicama.

Kvalitet i kvantitet AIP-IAP aktivnosti i objavljenih radova njenih članova priznati su od svetski priznatih stručnjaka u oblasti poslovica kao što su: adagiolozi, frazeolozi i oni koji proučavaju narodnu književnost. Sve to je rezultiralo podrškom opštine Tavira, Fondacije za nauku i tehnologiju, Nacionalnog kulturnog centra u Lisabonu, Državnog sekretara za kulturu- Regionalne direkcije za kulturu Algarve i UNESKO-a, koji je proglasio AIP-IAP počasnim pokroviteljem. Više informacija na www.aip-iap.org.

Umetnici koji su ukrasili
"Ilustrovane avganistanske poslovice"
Srednja škola Marefat, umetničko odeljenje
Kabul, Avghanistan

(Sa desna na levo- prvi red): Sher Ali Hussaini, Najibullah, Salim, Ali Yasir, Qodratullah, Reza, Ehsan i Hadi Rahnaward
(Sa desna na levo- drugi red): Hamid Fidel, Zainab Haidari, Tahira Jafari, Tahira Mohammadi, Fatima Rezayi, Amena Noori i Najiba

فهرست Sadržaj

www.ingramcontent.com/pod-product-compliance
Lightning Source LLC
Chambersburg PA
CBHW061053090426
42742CB00002B/30